Isabelle Darras

C'est fini, Emma !

Ernst Klett Schulbuchverlage
Stuttgart · Leipzig

Table des matières

1. Auflage 1 12 11 10 9 8 | 2025 24 23 22 21

Internetadresse: http://www.klett.de

Umschlag: Sabine Koch, Stuttgart.
Illustrationen: Sepp Buchegger, Tübingen.
Druck: AZ Druck und Datentechnik GmbH, Kempten
Printed in Germany.
ISBN-13: 978-3-12-591858-0
ISBN-10: 3-12-591858-8

Liebe Schülerinnen und Schüler!

Lesen sollte vor allem Spaß machen. Deshalb findet ihr in *C'est fini, Emma !* nicht nur ein spannendes Thema, sondern ihr werdet auch einen lebendigen Einblick in den Alltag französischer Jugendlicher erhalten.

Ihr werdet feststellen, dass die Sprache in dieser Geschichte anders klingt als die, der ihr im Lehrbuch begegnet seid. Französische Jugendliche benutzen nämlich gerne das *français familier,* die Umgangssprache. So auch Emma und die Clique des *collège Guillaumet,* die Helden dieser Geschichte: Sie sagen z.B. *ouais* anstelle von *oui* (S. 7), *Lâche-moi !* statt *Laisse-moi tranquille !* (S. 6)

Hier sind ein paar typische Merkmale des *français familier*:

- Vokale werden oft verschluckt: z.B. *t'as eu une mauvaise note* statt *tu as eu une mauvaise note* (S. 6).

- Bei Verneinungen fällt das *ne* oft weg: anstelle von *on ne sait jamais* heißt es *on sait jamais* (S. 7); für *je n'aime pas* steht *j'aime pas* (S. 7).

- Jugendliche mögen gerne Abkürzungen: sie verwenden z.B. *histoire-géo* für *histoire-géographie* (S. 5).

- Jugendliche übertreiben manchmal in ihrer Ausdrucksweise: sie sagen z.B. *c'est trop mortel* (S. 9).

Wir wünschen euch viel Spaß mit *C'est fini, Emma !*

Avant la lecture

1. La couverture *(Umschlag)*

a) Regardez la couverture. Décrivez-la.
b) Comment la trouvez-vous ? Expliquez pourquoi elle vous plaît ou ne vous plaît pas.

2. Le titre

a) Lisez le titre. A votre avis, qu'est-ce que va raconter le livre ?
b) Faites une liste des choses que vous savez déjà sur Emma, puis écrivez son portrait.

3. Ouvrir le livre

a) Ouvrez le livre, regardez les pages et la quatrième de couverture *(Rückentext)*. Que savez-vous déjà sur l'histoire ?
b) Cherchez des plans de Blagnac et de Toulouse puis trouvez les lieux où se passe l'histoire.

1 Lundi

Blagnac, avenue du Parc, 18 h 17

« Salut Emma ! Tu veux toujours faire du cinéma ? » crie un garçon devant le collège Guillaumet. Il distribue des prospectus aux derniers élèves qui sortent du collège.
De l'autre côté de la rue, Emma ne répond pas. Elle n'a pas entendu. Comme tous les lundis soirs, Emma est crevée : un vrai zombi.
« Ouf ! C'est fini ! pense Emma. Deux heures de maths et deux heures de français ce matin, deux heures d'histoire-géo, une heure d'anglais et une heure de SVT cet après-midi… C'est la fin de la journée ! »
Emma pense à Cécile qui est partie à son cours de piano. Comment fait-elle ? En plus, aujourd'hui, après les cours, la classe d'Emma a dû écouter l'exposé d'un policier sur le racket. Le policier a fait peur à tous les élèves, et surtout à Cécile. Emma l'entend encore :

---

3 **distribuer des prospectus** Prospekte verteilen – 6 **crevé,e** *ici: fam.* fatigué,e – 9 **l'histoire-géo(graphie)** Geschichts- und Erdkundeunterricht – 15 **le racket** Erpressung

« Tout le monde peut être victime de racket. Un élève victime de racket change tout à coup : parfois, il ne mange plus ou il ne parle plus, souvent, il ne veut plus aller à l'école… »

– Emma ! Tu veux bien faire du cinéma, non ?

Emma sursaute. Il fait bientôt nuit et la rue est presque déserte. Le garçon qui l'appelle, c'est Adrien. Elle connaît bien sa sœur, Zoé, qui va aussi au club de théâtre le vendredi soir.

– Tu fais la tête, Emma ? demande Adrien.

– Ça va, lâche-moi !

– T'as eu une mauvaise note ou quoi ?

Emma hausse les épaules. Une mauvaise note ? Ce n'est pas très grave. Non, mais Emma n'a pas du tout envie de parler. Elle a trop de choses dans la tête. Trop de questions sans réponse.

– Mais regarde mon prospectus ! C'est pour un concours de cinéma.

Emma prend le papier que lui donne Adrien et lit : « Concours de scénarios pour les 12–18 ans »

– Mais j'ai pas envie d'écrire des films, j'préfère les jouer ! dit Emma.

– Alors trouve un réalisateur et parle-lui du concours ! « Envoyez vos textes jusqu'au 20 avril. »

Emma ne dit rien à Adrien, mais elle a un autre projet pour le 20 avril. C'est le jour de son anniversaire. Samedi, elle a 15 ans et elle a invité tous ses copains à la maison. Ses parents sont d'accord. En plus, son père a eu une idée géniale : il va avec Manon et Valentin au cinéma. Alors, cette semaine, Emma doit préparer son anniversaire. Et, ça, c'est du travail !

– Attends, le 20, c'est dans cinq jours !

– Ouais et alors ? Si t'aimes le cinéma…

---

1 **être victime de qc** etw. Opfer sein – 2 **tout à coup** plötzlich – 6 **sursauter** zusammenzucken – 6 **presque** fast – 7 **désert,e** *ici*: menschenleer – 11 **Lâche-moi !** *fam.* **Laisse-moi tranquille !** Lass mich in Ruhe! – 13 **hausser les épaules** mit den Schultern zucken – 17 **un concours** Wettbewerb – 20 **un scénario** Drehbuch

Emma pense à Fabien. Son copain adore le cinéma et rêve d'être réalisateur. Ce concours peut sûrement l'intéresser. Mais, pour ça, il faut parler à Fabien et en ce moment…

– Tu sais, les réalisateurs écrivent souvent des films pour des acteurs. Tu vois, ma sœur fait le concours. Et elle écrit un film pour une autre actrice.

Bien sûr, Emma ne va pas le dire à Adrien, mais elle n'aime pas trop sa sœur, Zoé. Cette fille l'énerve : elle est super jolie et sait toujours tout faire avant les autres.

Emma lit le prospectus jusqu'à la fin : « L'association Ciné-jeunes aide les trois premiers prix à faire leur film pour le montrer au festival de Cannes. Thème de cette année : le sport. » Ce concours peut vraiment plaire à Fabien. C'est un fou de cinéma et de rugby. Mais, quand Adrien dit :

– Tiens, prends le pospectus, on sait jamais…

Emma répond :

– Non, merci. En plus, le sport… Bof, j'aime pas trop ! Et puis, j'ai pas le temps. Bon, allez, salut !

– Ouais, ciao Emma !

Blagnac, rue du Roussillon, 18 h 27

En fait, Emma a un problème et ce problème s'appelle Fabien. Depuis quinze jours, il est trop bizarre avec elle. Par exemple, il ne l'invite plus aux matchs. Emma a d'abord pensé :

– Tu délires ! Fabien a beaucoup de devoirs. Il a surtout des problèmes en maths. En plus, son club de rugby veut gagner la coupe de France. Il ne peut pas être tout le temps avec toi !

Mais, hier, Emma a vu Fabien avec une fille. Le choc !

– Ça va pas, Emma ? a demandé Manon, à côté d'elle dans le bus 66.

---

2 **un,e réalisateur,-trice** Filmregisseur,in – 3 **en ce moment** zur Zeit – 10 **l'association Cinéjeunes** *ein Verein, der Filmkunst bei den Jugendlichen vermittelt* – 12 **le festival de Cannes** das Filmfestival von Cannes – 12 **un thème** Thema – 19 **ciao** *de l'italien, fam.* = salut – 21 **en fait** *ici:* eigentlich – 25 **Tu délires !** *fam.* Du spinnst! – 27 **la coupe de France** die französische Meisterschaft – 29 **Le choc !** Was für ein Schock!

Emma n'a pas bien vu la fille parce que le bus a continué et qu'elle n'a pas pu bien regarder.

Qui est cette fille ?

Emma n'a pas demandé à Fabien ce matin. Elle n'a pas eu le temps parce qu'ils se sont disputés avant. C'est bête. Elle le sait. Cette fille est peut-être une cousine ou... Mais, c'est dur. Emma n'arrête pas de penser à Fabien. Pour elle, c'est sûr : il ne veut plus être avec elle et il ne sait pas comment lui dire.

Maintenant, elle ne sait plus trop si elle a envie de faire cette fête pour son anniversaire. Fabien ne va sûrement pas venir et s'il ne vient pas, c'est la fin du monde pour Emma ! Alors ce soir, Emma est peut-être fatiguée, mais surtout, elle est triste.

Blagnac, 10, rue des Pyrénées, chez les Carbonne, 20 h 05

Les parents regardent la télévision. Manon dort déjà. Valentin lit le dernier *Roi Catastrophe*, sa BD préférée. Dans sa chambre, Emma a fini ses devoirs sur son lit. Elle prépare maintenant des CD pour la fête avec des chansons de Dionysos, Louise Attaque et Mickey 3D. Son portable sonne : c'est peut-être Fabien ? Mais non, c'est le numéro de Cécile.

– Allô ? Emma !?

– Ouais, Cécile...

– Qu'est-ce que t'as ? Ça va pas ?

– Si, si, ça va très bien. Pourquoi t'appelles ?

– Arrête ! Ta voix est bizarre. Qu'est-ce qu'il y a ?

Silence. Emma ne répond pas.

– Qu'est-ce qu'il se passe, Emma ?

Emma ne dit toujours rien.

– C'est Fabien, c'est ça ?

– Comment tu le sais ?

– Je sais pas. Je te demande, c'est tout.

---

12 **la fin du monde** Weltuntergang – 20 **Dionysos, Louise Attaque, Mickey 3D** groupes de rock français – 25 **Qu'est-ce que t'as ?** Was ist mit dir los? – 27 **la voix** Stimme – 33 **Je (te) demande, c'est tout.** *fam.* Ich frage nur.

– Ouais, je crois qu'il ne veut plus être avec moi.
– Qu'est-ce que tu racontes ? Il t'adore !
– Non, c'est pas vrai. En plus, on s'est disputés.
– Attends, moi, je me dispute tous les jours avec lui.
– Oui, mais, toi, t'es sa sœur ! Je suis sa copine et il ne veut plus rien faire avec moi. C'est fini, je crois, Cécile.
– Il t'a dit quelque chose ?
– Non, mais je le sais, c'est tout.
Nouveau silence.
– C'est vrai… Fabien est bizarre depuis quelques jours, reconnaît Cécile. A la maison, il passe son temps dans sa chambre. Personne ne peut entrer. Et le week-end, il est chez Nicolas.
– Chez Nicolas ? T'es sûre ?
– Ouais. Fabien a des problèmes en maths. Mais comme il veut faire une école de cinéma, il doit avoir un super livret scolaire! Et Nicolas est bon en maths, alors il l'aide !
– Oui, c'est peut-être ça…
– Mais, si, crois-moi ! Bon, j'ai pas encore fait mes devoirs… Alors, à plus ! Et oublie tes idées noires !
– D'accord. A plus !
Emma va vite au lit. Elle se dit :
– Cécile est bien sympa. Mais, tu dois voir la vie comme elle est : avec Fabien, c'est fini, Emma !
Sa mère entre dans la chambre:
– Déjà au lit ?
– Bof, le lundi, c'est trop mortel ! J'suis fatiguée !
– C'est sûr… Bon, mercredi, je ne travaille pas. Alors, on fait les courses pour ta fête, et puis on range la maison, d'accord ?
– Ouais, dit Emma sans enthousiasme.
– Dis, Emma, t'as plus envie ou quoi ?

---

2 **raconter** erzählen – 8 **Je le sais, c'est tout.** *fam.* Ich weiß es einfach. – 11 **reconnaître** *ici:* zugeben – 16 **une école de cinéma** Filmakademie – 17 **un livret scolaire** Zeugnis – 21 **A plus (tard) !** *fam.* Bis später ! – 28 **mortel,le** *fam.* tödlich, schrecklich – 32 **l'enthousiasme** *m.* Begeisterung

2 Mardi

Blagnac, avenue du Parc, collège Guillaumet, 10 h 02

– Emma, tu es toujours avec nous ?

La jeune fille arrête de dessiner sur son cahier. Elle regarde enfin la prof de musique. Madame Frémot se prend pour un chef d'orchestre. Si elle croit que la classe peut être le chœur de l'opéra avec une heure de cours par semaine, elle rêve.

– Emma, je n'ai pas bien entendu !

– Oui, oui, je suis là… répond Emma.

– Comment ?

– Oui, je suis toujours avec vous.

– Je veux te voir chanter… La prochaine fois, tu vas dans le bureau de Monsieur le Principal ! Allez, 1, 2, 3 ! *« Freude, schöner Götterfunken … »*

Emma veut chanter, mais elle ne peut pas. En plus, la *Neuvième Symphonie* de Beethoven en allemand, c'est pas de la tarte ! Quelle idée ! La prof veut faire une surprise aux correspondants allemands. Mais on n'a pas invité la reine d'Angleterre, juste des élèves allemands !

---

4 **se prendre pour qc** sich für jdn halten – 5 **un chef d'orchestre** Dirigent – 6 **un chœur** Chor – 13 **un(e) principal(e)** Schuldirektor – 16 **C'est pas de la tarte !** *fam.* Es ist kein Kinderspiel! – 18 **la reine d'Angleterre** die Königin von England – 19 **juste** *ici:* nur

Emma pense maintenant aux vacances. Elle rêve de retrouver Paris, de faire un tour sur les Champs avec ses copains. Depuis combien de temps n'a-t-elle pas vu la tour Eiffel ? C'est peut-être bête, mais elle lui manque. Fabien aussi lui manque. Tout près d'elle, mais si loin aussi. Ce matin, elle l'a encore vu avec Zoé.

– Mais, qu'est-ce que je suis bête ! pense tout à coup Emma. La fille qu'elle a vue dimanche avec Fabien, c'est sûrement Zoé !

Emma réfléchit. Fabien et Zoé sont dans la même classe. Depuis quelques jours, ils discutent souvent ensemble. Maintenant, Emma comprend : Fabien et Zoé, Zoé et Fabien… Emma se sent mal. Elle entend les autres chanter loin, très loin…

« Froh, wie seine Sonnen fliegen … »

– Emma ! crie Madame Frémot.

Elle regarde Emma, puis lui montre la porte. Emma a compris : la prof lui demande de sortir. Mais elle ne bouge pas. Elle ne peut pas bouger et elle éclate en sanglots. La prof arrête le cours.

– Qu'est-ce qu'il y a, Emma ?

Emma ne répond pas.

– Cécile, accompagne Emma dehors ! Elle a besoin d'air.

Cécile et Emma sortent de la salle de classe. Emma n'arrête pas de pleurer.

– Allez, Emma ! Je te reconnais pas. C'est Fabien, c'est ça ?
– Je sais pas.
– Attends, tu peux pas pleurer comme ça pour un garçon ! Surtout pas pour mon frère !
– Ce matin, il est passé devant moi sans me parler.
– Mon frère ? Mais, il ne voit jamais rien !
– Il a vu Zoé parce qu'il lui a parlé, à elle. Tu sais… Zoé est dans sa classe et il est souvent avec elle.

---

2 **les Champs** = les Champs Elysées – 4 **manquer à qn** jdm fehlen – 5 **tout près** ganz nah – 5 **si loin** so weit – 13 **se sentir mal** sich schlecht fühlen – 19 **éclater en sanglots** in Tränen ausbrechen – 23 **avoir besoin d'air** frische Luft brauchen

– Zoé ? Non, tu te fais des idées. Elle est sympa, mais c'est tout.
– Elle est super jolie, tu veux dire !
Et Emma pleure encore plus.
– Si tu veux, je parle à mon frère…
– Non, surtout pas !
Cécile cherche quelque chose pour calmer Emma.
– Bon, alors on va faire notre enquête, toutes les deux !
– D'accord, comme Sherlock Holmes ?
– Oui, Dr Watson !

Blagnac, collège Guillaumet, 13 h 10

Après la cantine, Emma et Cécile ont rendez-vous avec Nicolas près du gymnase. Nicolas est le meilleur copain de Fabien. Il sait peut-être pourquoi Fabien est bizarre. Nicolas aime bien Cécile. Elle le sait, mais elle est amoureuse de Thomas, qui ne le sait pas et qui drague Emma. Mais Emma…

– Dis, Nicolas, tu vas peut-être nous dire que ce n'est pas notre problème… commence Cécile.
– Oui, parce que c'est ton copain… continue Emma.
– C'est Fabien, il est bizarre, non ?
– Vous aussi, alors ? demande Nicolas.
– Quoi « nous aussi » ? disent les filles.
– Ben ouais… Je sais pas pourquoi, mais on fait plus rien ensemble, explique Nicolas. Et il manque tous les matchs de rugby… Au BSCR, ils sont pas contents !
– Mais vous faites pas vos maths ensemble le dimanche ? demande Cécile.
– Ben non. Depuis quinze jours, on n'a rien fait !

Emma est blanche comme un cachet d'aspirine.
– Ça va pas, Emma ? demande Nicolas.
– Si, si. Et, Zoé, tu crois que… Elle et Fabien ?

---

1 **se faire des idées** = imaginer des choses fausses – 4 **encore plus** noch mehr – 6 **surtout pas** bloß nicht – 7 **calmer qn** jdn beruhigen – 8 **une enquête** Untersuchung – 16 **draguer** *fam.* anbaggern – 26 **BSCR** Blagnac Sporting Club Rugby: club de rugby à Blagnac – 30 **être blanc(he) comme un cachet d'aspirine** kreidebleich sein

Un prof passe à côté d'eux. Silence.
– Je sais pas, répond d'abord Nicolas. Excuse-moi… Emma, je veux pas te blesser…
– J'suis pas en sucre !
– T'énerve pas… C'est vrai, il est souvent avec Zoé. Mais, ils préparent peut-être un exposé ?
– Tu dois le savoir ! T'es dans leur classe !
– Ça doit être un exposé d'allemand, parce que moi, j'apprends l'espagnol.

Toulouse, près de la place du Capitole, 20 h 40
Les Carbonne mangent chez des amis. Le portable d'Emma a sonné. C'est un SMS de Cécile :

– Emma ? Tu m'entends ?
– Oui, papa.
– Le portable, pas à table !

3 **blesser qn** *ici:* verletzen – 4 **être en sucre** *fam.* aus Zucker sein

3 Mercredi

Blagnac, avenue Claude Gonin, 13 h 00

– Ils conduisent comme des fous ! Mais qu'est-ce que c'est, ça ?

Le feu est rouge. La mère d'Emma regarde l'heure.

– On ne va pas arriver avant 13 h 15 au supermarché !

A côté d'elle, dans la voiture, Emma ne réagit pas. Elle n'a rien dit depuis le départ.

– Tu fais toujours la tête Emma ? Je me demande pourquoi nous allons faire les courses pour ton anniversaire.

Silence.

– Je te parle, Emma !
– Oui, j'ai entendu, j'suis pas sourde.
– C'est quoi, ton problème ?
– J'en ai marre. C'est tout. Et, ma fête, j'ai plus envie de la faire.
– Tu sais, tu peux tout arrêter tout de suite. Ce n'est pas trop tard.
– Mais qu'est-ce que je vais dire aux copains ?
– Tu dis que tu n'as plus envie.
– Ah, non ! Je parle de cette fête depuis six mois…
– Tu ne vas pas leur raconter des histoires !
– Non, ça, je sais pas faire.
– Tu dois choisir, Emma, parce que là, nous sommes arrivées au supermarché.

Emma réfléchit. Elle a surtout voulu faire une fête pour être avec Fabien et danser avec lui. S'il n'est pas là, c'est foutu ! Mais, elle doit aussi penser à ses amis qui veulent s'amuser. Emma n'a pas le choix :

– Si, si, je vais la faire, cette fête !

Sa mère demande :

– Tu veux me parler de ton problème ? C'est Fabien ?

Emma est rouge comme une tomate.

---

6 **réagir** reagieren – 12 **sourd,e** taub – 21 **raconter des histoires** *fam.* schwindeln – 26 **c'est foutu** *fam.* = **c'est râté** es wird nichts – 28 **un choix** Wahl

– Oui, c'est Fabien, mais j'ai pas envie de parler de ça maintenant.
– Très bien.
Emma et sa mère prennent un chariot sur le parking et entrent dans le centre commercial. Emma lit la liste des courses à sa mère :
– Farine, sucre, lait, chocolat, boissons…
– Combien de gâteaux est-ce que tu veux faire ?
– Une tarte aux pommes, un gâteau au chocolat, des crêpes et aussi une pizza, non ?
– Si tu veux.
– Mais tu vas où ? On va pas au supermarché ?
– Si, mais d'abord, on fait les magasins. Tu dois être belle, samedi, pour ta fête ! Il te faut un pantalon, non ?

Chez les Carbonne, 16 h 00

Emma et sa mère commencent à préparer la fête de samedi quand le téléphone de la maison sonne.
– C'est pour toi, Emma ! crie Valentin. C'est Zoé !
– Zoé ? Dis-lui que je suis pas là !
– Ah, non !
– Si ! Tu vas bien trouver quelque chose à dire…
– Allô ? Ben… Emma n'est pas là. Elle vient de partir. Elle a rendez-vous avec son copain. T'as un message ? Ouais, d'accord. Je lui dis. Salut !
Valentin raccroche.
– Mais, pourquoi t'as dit ça ? J'suis pas avec Fabien.
– Si t'es pas contente, la prochaine fois, tu lui parles. Au fait, c'est toujours ton copain, Fabien ? On le voit plus…
– C'est pas tes affaires. Qu'est-ce qu'elle t'a dit, Zoé ?
– Elle te demande de dire à la prof de théâtre que vendredi soir, elle peut pas venir.
– Et, pourquoi elle m'appelle, moi ?
– Je sais pas ! Elle a juste dit ça !

---

4 **un chariot** Einkaufswagen – 5 **un centre commercial** Einkaufszentrum – 25 **raccrocher** auflegen – 29 **C'est pas tes affaires !** *fam.* Das ist nicht dein Bier!

4 Jeudi

Blagnac, collège Guillaumet, 7 h 59

Emma regarde Cécile et Fabien qui arrivent en retard au collège. Le garçon passe vite devant elle, mais lui dit :

– Salut Emma !

– Et, pourquoi tu réponds pas ? demande Cécile.

– J'sais pas. Pourquoi il m'embrasse pas ?

– Arrête ! On a couru comme des fous et il a une interro de maths. Il est super stressé !

– Ben pour nous, c'est cool. Le prof de français n'est pas là. On a deux heures de perm.

– On va au CDI ? Comme ça, on peut écrire notre texte de présentation du collège pour les correspondants allemands. T'en as pas marre de tout le travail qu'on a à cause d'eux ?

– Oui, t'as raison ! On ne fait que travailler pour les corres ! Je passe d'abord aux toilettes, d'accord ?

Emma et Cécile traversent la cour.

– Alors, t'as eu mon SMS hier soir ? demande Emma.

– Ah, excuse-moi, je te l'ai pas dit, j'ai donné mon portable à Fabien parce qu'il a perdu le sien.

– Ah ! Sympa… Pourquoi tu me l'as pas dit ?

– C'est grave ?

– Non, ça va, c'est juste que Zoé a téléphoné chez moi.

– Quoi ? crie Cécile.

– Elle dit qu'elle ne va pas au club de théâtre vendredi.

– Elle te téléphone souvent ?

– Ben non, c'est la première fois.

– C'est bizarre.

– Et, toi, alors, t'as du neuf ?

---

8 **stressé,e** gestresst – 10 **une heure de perm(anence)** beaufsichtigte Freistunde – 12 **un,e correspondant,e** Brieffreund – 14 **à cause de** wegen – 16 **les toilettes** Toilette – 20 **le sien** seins (Handy) – 23 **c'est juste que** es ist nur, dass – 29 **avoir du neuf** avoir des nouvelles

– Bof, j'me suis encore disputée avec Fabien… Nos parents sont partis à 6 heures ce matin, et à 7 heures, mon réveil n'a pas sonné. Quand j'ai ouvert les yeux, j'ai vu « 7h30 ». Fabien n'a pas pu se lever tout de suite… Il est crevé en ce moment !
– Il est avec Zoé et il est amoureux, c'est tout !
– Non, je suis sûre que non. C'est autre chose. Attends, je continue de te raconter… Ce matin, je réveille Fabien et je lui demande : « Mais qu'est-ce que t'as ? T'as un problème ? Dis quelque chose ! ».
– Et alors, qu'est-ce qu'il t'a dit ?
– Il m'a répondu : « Je peux pas encore te dire, tu vas voir. »
– Ah bon ?
– En plus, hier soir, Fabien est rentré après 22 heures. Officiellement, il a passé la soirée chez Nicolas, mais c'est sûrement faux… Tu sais, j'ai bien réfléchi. Je crois que mon frère est victime de racket.
– Quoi ?
– Mais oui, il perd son portable, il rentre tard, il ne dit rien. Tu te souviens ? Le policier a dit qu'un élève victime de racket change tout à coup.
– Non… Pas lui ! Il est grand ! En plus, il fait du rugby.
– Le policier dit que tout le monde peut être victime.
– Non, je suis sûre que non !

Les filles arrivent devant les toilettes. Emma attend Cécile et rencontre Madame Frémot.
– Alors Emma, il est fini, ce chagrin d'amour ?
Emma ne répond pas. Elle est gênée.
– On est entre nous, dit la prof. Les garçons, il faut un peu les oublier, ce sont les cours qui sont importants.

---

3 **un réveil** Wecker – 8 **réveiller qn** jdn aufwecken – 16 **officiellement** offiziell – 16 **la soirée** Abend – 21 **se souvenir** sich errinern – 27 **rencontrer qn** jdn treffen – 28 **un chagrin d'amour** Liebeskummer – 29 **gênée** verlegen – 30 **entre nous** unter uns

– Oui, sûrement.
– Je dis ça pour t'aider.
– Merci, mais c'est pas facile.
– Moi, j'ai rêvé de chanter pour le chœur de l'Opéra mais j'ai eu trop de chagrins d'amour et voilà le résultat ! Je fais cours à des élèves qui rêvent de la Star Academy !
Emma rit.
– Bon, tu ne pleures plus, c'est bien ! A plus tard, Emma.
La prof part. Cécile sort des toilettes.
– J'ai jamais imaginé la prof amoureuse, dit Emma.
– Attends, c'est pas parce qu'elle est prof qu'elle ne peut pas aimer quelqu'un.
– Oui, je sais bien, mais je n'ai jamais imaginé la prof avec quelqu'un…

Collège Guillaumet, CDI, 9 h 20

Emma et Cécile sont en train de travailler au CDI quand Fabien et Zoé arrivent. Ils ne voient pas Cécile et Emma qui sont derrière une étagère, mais les deux copines les entendent parler :
– Pour demain soir, c'est bon ?
– Oui, pas de problème !
Emma pense qu'elle va crier. Mais elle reste sans voix. Zoé ne va pas au club de théâtre parce qu'elle a rendez-vous avec Fabien. Emma se dit qu'elle est trop nulle. Pourquoi n'a-t-elle rien vu avant ? Fabien sort avec une fille de sa classe, une fille de son âge. Emma, elle, n'est qu'en 4e. Elle est trop jeune pour lui.

Blagnac, avenue du Parc, 17 h 00

Après les cours, Emma attend Cécile devant le collège. Cécile a oublié un livre en classe et Emma garde son sac à dos.

---

5 **trop de** zu viel – 6 **faire cours à qn** jdn unterrichten – 6 **la Star Academy** eine französische TV-Sendung für Nachwuchsstars – 8 **pleurer** weinen – 10 **amoureux,se** verliebt – 25 **sortir avec qn** mit jdm zusammen sein – 30 **garder qc** *ici:* auf etwas aufpassen

– Alors, ma belle, tu m'invites à ta fête ? demande Thomas.
Emma ne comprend pas pourquoi Cécile est amoureuse de ce garçon. Il n'est ni beau ni sympa.
– Qui te dit que je fais une fête ?
– J'ai mes informations…
Emma est en train de penser qu'elle n'a pas du tout envie d'inviter Thomas, quand elle voit Fabien avec Zoé.
– D'accord, je t'invite !
– Cool !
Et Thomas embrasse Emma sur la bouche. Emma est sûre que Fabien a vu Thomas. Alors, elle dit tout bas à Thomas qui s'en va :
– Ça va pas ? T'es fou !
– Fou de toi, oui !
Cécile aussi a vu Thomas. Elle est en colère et dit à sa copine :
– T'as déjà trouvé un nouveau copain ?
Emma n'a pas le temps de répondre. Fabien passe devant elle et lui dit :
– Pourquoi tu me dis pas que tu es avec Thomas ? C'est nul de rien dire !
– Tu peux parler ! répond Emma.
Fabien part.
– Bravo tous les deux ! dit Cécile.
– Mais, c'est pas vrai, je suis pas avec Thomas. Tu le sais, toi ?
– Mais oui.
– Les autres garçons ne m'intéressent pas. Pour moi, le seul garçon bien, c'est Fabien.
– Attention, tu fais des rimes.
– C'est pas drôle. Tout ça, c'est parce que Thomas veut venir à ma fête. Alors, quand j'ai vu Fabien avec Zoé, j'ai dit oui et voilà…

---

3 **ni… ni…** weder … noch – 10 **la bouche** Mund – 11 **tout bas** ganz leise – 29 **seul,e** einzig – 30 **une rime** Reim

– Super nouvelle ! Thomas vient à ta fête, c'est génial !

– Oui, mais maintenant, Fabien croit que je suis avec Thomas. Qu'est-ce que c'est nul !

– Téléphone-lui !

– Ah, non !

– Envoie-lui un mail ou un SMS…

– Qu'est-ce que ça change ? Il est avec Zoé.

Cécile regarde Emma dans les yeux.

– Est-ce que tu aimes, mon frère ?

– Ben, oui.

– Alors, si tu l'aimes… il faut arrêter ce cinéma ! Parle-lui ou écris-lui ! Vous n'êtes peut-être pas dans le même film ?

5 Vendredi

Blagnac, chez les Carbonne, 7 h 30

Emma regarde si elle a reçu des e-mails. Rien. Elle n'a pas reçu de réponse de Fabien et elle pense que c'est mauvais signe. Elle relit le message qu'elle a écrit hier soir :

> **Salut Fabien,**
> **Je ne sors pas avec Thomas. Mais, toi, est-ce que tu es toujours avec moi ?**
> **Emma**

– Alors, ça va mieux avec Fabien ?
– Oh ! Tu m'as fait peur, maman !

Emma pense que sa mère la comprend toujours et ce matin, elle a envie de discuter avec elle.

– J'ai été bête avec Fabien. Maintenant, c'est trop tard.
– Qu'est-ce que tu racontes ? Trop tard pour qui ?
– Il croit que je suis avec Thomas. Et lui, il est avec une fille de sa classe, Zoé.
– Zoé ? La Zoé qui va au théâtre avec toi ?
– Oui.
– C'est bizarre. Hier soir, j'ai vu Zoé avec un autre garçon que Fabien.
– Avec qui, alors ?
– Je ne sais pas, mais… ils ont l'air très amoureux !

La mère d'Emma rit. Emma fait la tête.

– J'ai jamais aimé cette fille. Tu vois, elle sort avec deux garçons en même temps, c'est sûr.
– Mais tu es sûre ? Tu as demandé à Cécile ?
– Elle dit que Fabien est victime de racket ! Tu sais, lundi, le policier lui a fait peur. Elle voit le racket partout maintenant !
– Ah bon ? Parle avec Fabien, alors ! Demande-lui !

Emma embrasse sa mère. Elle doit parler à Fabien, mais elle a peur de ne pas trouver les mots.

---

3 **un bon/mauvais signe** gutes/schlechtes Zeichen – 9 **aller mieux** besser gehen – 22 **avoir l'air** aussehen – 28 **partout** überall

Blagnac, collège Guillaumet, 8 h 00
Cécile attend Emma devant le collège.

– Il ne m'a pas répondu, raconte Emma.

– C'est bizarre. Il a passé la soirée sur l'ordinateur.

– Son silence veut tout dire, alors !

– Non, ça veut rien dire du tout !

– Et, toi, tu es avec moi ou avec lui ?

– Je ne suis pas avec lui et je ne suis pas avec toi. T'es ma copine, et lui, c'est mon frère. Je vous trouve bêtes tous les deux. T'es amoureuse de lui, il est amoureux de toi et vous faites tout pour ne plus être ensemble.

– Ça va, merci pour la leçon !

– J'en ai marre d'être entre vous deux. Ciao !

11 h 00
La classe de 4e B attend le prof de maths. Un petit groupe entoure Emma : Jérémie, Marco, Adeline, Olivier, Coralie. Tout le monde est là, sauf Cécile. Ils parlent de la fête d'Emma et rêvent d'être déjà demain. Adeline espère danser avec Olivier. Marco annonce qu'il va apporter tous ses CD. Coralie apporte sa caméra.

12 h 55
– C'est bon. Maintenant, je vais parler à Fabien ! pense Emma sur le chemin de la cantine. Mais quand elle entend son copain rigoler avec Nicolas et Zoé, Emma ne bouge pas. Elle ne peut pas aller parler à Fabien. Elle a peur.

Toulouse, quai de la Daurade, 15 h 45
Emma a quitté le collège. Elle sèche les cours cet après-midi et c'est la première fois. Elle a pris le bus pour Toulouse. Elle aime se promener dans la Ville rose, au bord de la Garonne.

---

16 **entourer** *ici:* umringen – 17 **sauf** außer – 18 **espérer** hoffen – 26 **le quai de la Daurade** in Toulouse, ein Ufer entlang des Flusses Garonne – 27 **sécher** schwänzen – 29 **la Ville rose** = Toulouse

Elle fredonne une vieille chanson de Nougaro que sa mère écoute souvent : « Il faut tourner la page, changer de paysage… »

Blagnac, chez les Carbonne, 22 h 00

Emma entre dans la maison.

– C'est Emma ! crie Manon.

Toute la famille arrive.

– Enfin ! dit la mère. On a eu peur ! Tout le monde te cherche. Le principal a appelé, et aussi la prof d'allemand, Cécile, Nicolas, Adeline, ta prof de théâtre…

– Ben, j'suis là ! dit Emma. C'est pas la fin du monde !

– On a appelé sur ton portable…

– J'ai pas pris mon portable. Je me suis promenée, c'est tout ! Maintenant, je vais dormir, dit Emma.

– Je veux quand même te dire que…

– Bonne nuit, papa !

– Emma !

Mais Emma va dans sa chambre. Elle entend sa mère :

– Laisse-la…

– Oui, mais c'est grave. Elle a séché les cours…

– Oui, bien sûr, tu vas lui dire, mais pas maintenant…

Puis, elle entend la petite voix de Manon :

– T'appelles pas Cécile, maman ?

---

1 **fredonner** summen – 1 **Claude Nougaro** un chanteur français – 2 **tourner la page** umblättern *ici:* einen Schlussstrich ziehen – 3 **un paysage** Landschaft – 20 **grave** schlimm

6 Samedi

Blagnac, chez les Carbonne, 10 h 00

C'est le jour de la fête d'Emma. Dans son lit, Emma ouvre les yeux. Le téléphone de la maison n'arrête pas de sonner. Emma pense aussitôt à son anniversaire. Aujourd'hui, elle a 15 ans, c'est génial ! En plus, il fait un beau soleil. Emma a envie de s'amuser. Elle ne veut plus être triste, elle ne veut plus pleurer.

– Je peux entrer ? demande Valentin derrière la porte.
– Oui, je dors plus… Le téléphone n'arrête pas de sonner.
– Qu'est-ce que tu racontes ? dit Valentin. Le téléphone n'a pas sonné une seule fois ce matin.
– T'es sûr ?
– Ben ouais !
– Bizarre, dit Emma. J'ai peut-être rêvé !

Les parents entrent dans la chambre avec Manon et disent tous ensemble :

– Bon anniversaire, Emma !

13 h 45

Tout est prêt chez les Carbonne. Emma a mis son nouveau pantalon rose. Manon et Valentin partent au cinéma avec leur père. Les copains arrivent. Cécile donne son cadeau à Emma, un livre sur Audrey Tautou, puis demande :

– On est toujours copines ?
– Bien sûr !

Et les deux filles s'embrassent.

– Tu es très jolie comme ça, Emma !

17 h 00

C'est la fête chez Emma. Tout le monde est là, sauf Fabien. Dans la rue, on entend la musique. Quelle ambiance !

---

3 **un œil, des yeux** Auge – 9 **ne pas arrêter de** *ici:* ständig – 11 **pas une seule fois** kein einziges Mal – 21 **un cadeau** Geschenk – 25 **s'embrasser** *ici:* sich umarmen

Thomas danse avec Adeline, Cécile avec Olivier, Emma avec Nicolas.

– En fait, je préfère Olivier, explique Cécile. Et c'est bien, parce que Thomas a eu le coup de foudre pour Adeline. Jérémie fait un peu la tête…

Emma pense à Fabien. Maintenant, c'est sûr, c'est fini ! C'est dur, mais c'est comme ça.

17h30

Thomas et Cécile partent.

– Déjà ? demande Emma.

– Oui, excuse-nous ! dit Cécile.

Olivier et Adeline, puis tous les autres copains partent aussi. Emma ne comprend pas pourquoi. Il n'est pas tard. Maintenant, elle est toute seule dans la maison. Sa mère est chez la voisine. Son père, Manon et Valentin sont encore au cinéma.

Tout à coup, on sonne. Emma ouvre. Surprise !

– Bon anniversaire, Emma ! dit Fabien.

Le garçon lui donne un petit paquet. Il veut l'embrasser mais Emma ne bouge pas.

– Mais, j'ai cru que… dit Emma.

– Tu n'ouvres pas ?

– Si…

C'est un cahier. Emma regarde Fabien avec une tête bizarre. Drôle de cadeau ! Tout de suite, Fabien explique : Emma rêve d'être actrice, alors il a écrit un film pour elle. Il prépare son cadeau depuis des semaines. Il a travaillé jour et nuit, jusqu'à aujourd'hui. Cet après-midi, il a donné une copie à l'association Cinéjeunes pour le concours de scénarios.

– Si je gagne, je peux faire le film. Tu veux bien jouer le rôle principal ?

---

11 **excuse-nous** = pardon – 25 **drôle de cadeau** komisches Geschenk – 29 **une copie** Kopie – 32 **un rôle principal** Hauptrolle

– De quoi il parle, ton film ?

– C'est l'histoire d'une fille qui veut faire du rugby, mais ses parents ne sont pas d'accord.

– Et je vais devoir faire du rugby ?

– Ben oui… Tu veux pas ?

– Et pourquoi tu demandes pas à Zoé ?

– Zoé ? Pourquoi Zoé ? Mais j'ai écrit le film pour toi ! Qu'est-ce que t'as imaginé ? Comme Zoé joue au rugby, elle m'a aidé pour l'histoire, c'est tout ! Hier soir, son équipe a gagné la coupe de France des filles.

– Ah, c'est pour ça qu'elle est pas venue au théâtre…

– Oui, elle a pas appelé ? Je lui ai donné ton numéro parce qu'elle a perdu le numéro de la prof…

Soudain, derrière Fabien, les copains sont revenus, le reste de la famille Carbonne est aussi là et, ensemble, ils crient :

– Dis-lui oui ! Dis-lui oui, Emma !

Emma est toute rouge. Fabien continue :

– Tu sais, je m'excuse pour tout. J'ai été un peu nul. J'ai pas eu beaucoup de temps pour toi mais… j'ai eu envie de te faire un beau cadeau…

Tout à coup, Emma dit aux copains, à sa famille et à la caméra de Coralie :

– Excusez-nous, mais on a des choses à se dire ! Tu viens, Fabien ?

Le garçon et la fille rentrent dans la maison. Cinq minutes plus tard, Emma ouvre la porte :

– Ah, vous êtes encore là ! Alors, on continue la fête ?

– Oui, oui ! disent Cécile, Thomas et les autres.

Tout le monde rentre chez les Carbonne.

– Tes copains sont vraiment super ! dit la mère d'Emma à sa fille.

– J'ai donc pas rêvé, ce matin. Maintenant, je comprends pourquoi le téléphone n'a pas arrêté de sonner.

---

11 **c'est pour ça que** deshalb – 14 **soudain** = tout à coup – 19 **s'excuser pour qc** sich für etw. entschuldigen – 24 **avoir des choses à se dire** *fam.* sich etw. sagen müssen

– Et hier soir aussi… ajoute Valentin.

– Oui, hier soir, on a tous eu très peur ! explique Cécile.

– Même Fabien ?

– Bien sûr ! répond le garçon. Ils m'ont fait plein de reproches. Alors, j'ai dû tout leur raconter.

Tout à coup, le portable de Thomas sonne. C'est un SMS.

– Attendez, crie Thomas, j'ai une mauvaise nouvelle. Les corres ne viennent pas parce qu'ils sont tous malades.

– Oh, les pauvres…

– Mais, on va pouvoir répéter la *Neuvième Symphonie* !

– Qui a envoyé le SMS ? demande Emma.

– C'est Adrien ! Sa sœur Zoé sort avec le fils de la prof d'allemand ! Mais, chut ! C'est top secret !

---

1 **ajouter** *ici:* hinzufügen – 4 **plein de** *fam.* beaucoup de – 4 **faire un reproche à qn** jdm etw. vorwerfen – 9 **les pauvres** die Armen – 10 **répéter** wiederholen *ici:* proben – 13 **chut !** pst! – 13 **top secret** topsecret

Pendant la lecture

Lundi

1. Emma a fini sa journée. Imaginez maintenant comment son lundi a commencé.
2. Qui est-ce ? Cochez la bonne réponse *(Kreuzt die richtige Antwort an).*

   a) C'est la copine d'Emma.

   ☐ Fabien ☐ Manon ☐ Cécile

   b) Elle fait du théâtre avec Emma.

   ☐ Cécile ☐ Zoé ☐ Manon

   c) Sa sœur s'appelle Zoé.

   ☐ Adrien ☐ Fabien ☐ Valentin

   d) Elle prépare une fête pour son anniversaire.

   ☐ Cécile ☐ Emma ☐ Manon

   e) Emma ne sait pas si ce garçon a envie d'être avec elle.

   ☐ Adrien ☐ Nicolas ☐ Fabien

3. Valentin lit *Le Roi Catastrophe* et Emma écoute Dionysos, Louise Attaque et Mickey 3D. Sur Internet, cherchez des informations sur cette BD et ces groupes de rock. Puis, présentez-les.
4. A la fin de la journée, est-ce que vous comprenez maintenant le titre de l'histoire ? Trouvez une ou des phrases dans le texte pour justifier votre réponse. Imaginez la suite.

Mardi

1. Vrai ou faux ?

	Vrai	Faux
a) Le mardi à 10 heures, la 4e B a cours de dessin.		
b) La classe d'Emma apprend la *Neuvième Symphonie* de Beethoven.		
c) Emma chante à l'opéra.		
d) Emma pense que Zoé est la nouvelle copine de Fabien.		
e) Emma et Cécile veulent savoir pourquoi Fabien est bizarre.		
f) Nicolas dit que Fabien vient toujours chez lui.		

2. La prof de musique dit à Emma: « La prochaine fois, tu vas dans le bureau de Monsieur le Principal. ». Expliquez.
3. Imaginez que votre école va recevoir des élèves français. Quelles surprises préparez-vous? Racontez.
4. Emma rêve de vacances à Paris. Quelles sont les différences entre Toulouse et Paris ? Cherchez des informations sur ces deux villes.
5. Ecrivez le SMS de Cécile en français (p. 13, l. 13).

Mercredi

1. Que vont faire Emma et sa mère mercredi entre midi et deux heures ? Expliquez et trouvez une ou des phrases dans le texte pour justifier votre réponse.
2. Pourquoi est-ce que la jeune fille ne veut plus faire sa fête ?
3. Imaginez : Emma décide de ne pas faire sa fête. Ecrivez l'e-mail qu'elle envoie à ses amis.

Jeudi

1. Cécile pense que son frère est victime de racket. Pourquoi ? Cochez la bonne réponse.

   a) A la maison,

      ☐ il reste dans sa chambre.

      ☐ il est toujours devant la télé.

      ☐ il est très sympa.

   b) Le week-end,

      ☐ il joue toujours au rugby.

      ☐ il ne quitte pas la maison.

      ☐ il ne va plus chez Nicolas.

   c) ☐ Il a perdu son portable.

      ☐ Il fait ses devoirs.

      ☐ Il est sympa avec ses copains.

2. La prof de musique parle de la « Star Academy ». Sur Internet, cherchez des informations sur cette émission *(Sendung),* puis présentez-la.
3. Cécile dit à Emma: « Vous n'êtes peut-être pas dans le même film ? ». Comment comprenez-vous cette phrase ?

Vendredi

1. A votre avis, pourquoi Emma a-t-elle peur de parler à Fabien ? Expliquez.
2. Que va-t-il se passer samedi ? Imaginez un scénario.
3. Emma chante une chanson de Claude Nougaro (p. 23, l. 2) un chanteur de Toulouse. Connaissez-vous d'autres chanteurs ou groupes qui chantent en français ? Faites un portrait.

Samedi

1. Comment va Emma quand elle se lève ?
2. Quelle est la surprise de Fabien ? Comment réagit Emma ? Expliquez.
3. Retrouvez dans la grille les mots qui complètent le texte. On peut lire de gauche à droite, de droite à gauche, de haut en bas, de bas en haut et en diagonale.

Quand Emma se lève, elle n'est plus ______________ . Elle a envie de s' ____________ . A 13h45, les ____________ arrivent. Cécile est là, elle aussi. La ______________ se passe bien, mais Fabien n'est pas là. ______________ , les copains partent. Emma ne comprend pas ____________ . Puis, Fabien arrive et lui donne son ______________ : un scénario pour le ______________ Cinéjeunes. Fabien s'excuse, la fête ______________ . Emma et Fabien sont toujours ______________ !

H	V	U	P	P	R	Z	S	E	R	P
C	O	P	A	I	N	S	U	E	O	W
O	R	P	R	G	V	A	L	U	F	A
N	T	G	F	M	E	B	R	W	E	M
T	R	T	A	D	M	Q	W	T	T	U
I	I	I	A	E	U	W	V	W	E	S
N	S	C	S	O	U	D	A	I	N	E
U	T	N	I	W	P	P	P	P	P	R
E	E	C	O	N	C	O	U	R	S	Z

Après la lecture

1. Imaginez maintenant la même histoire, mais à la place de Fabien ou de Cécile.

a) Ecrivez le plan de l'histoire et trouvez un titre pour chaque chapitre.
b) Trouvez des idées pour le titre de votre histoire.

2. Un mois après, Fabien a gagné le premier prix du concours de scénarios pour les 12–18 ans.

a) Imaginez le scénario de Fabien.
b) Ecrivez le dialogue entre la fille et ses parents : elle annonce qu'elle veut jouer au rugby, ils ne sont pas d'accord.

3. Connaissez-vous le cinéma et les acteurs français ? Trouvez la bonne réponse.

a) Elle a joué dans un *James Bond*. C'est :
☐ Sophie Marceau ☐ Marie-Jo Pérec
☐ Isabelle Adjani

b) Johnny Depp a joué dans le film *Chocolat* avec :
☐ Jeanne Moreau ☐ Audrey Tautou
☐ Juliette Binoche

c) Il a joué le rôle d'Obélix au cinéma. C'est :
☐ Gérard Depardieu ☐ Jean Réno ☐ Alain Delon

d) Ce film n'est pas un film de Luc Besson :
☐ *Nikita* ☐ *Léon* ☐ *Mars Attacks*

4. A vous !

Faites une pièce de théâtre à partir de *C'est fini, Emma !*

a) Organisez des équipes et partagez *(verteilt)* le travail.
b) Écrivez les scènes de la pièce.
c) Jouez la pièce !

Solutions :
a) Sophie Marceau b) Juliette Binoche c) Gérard Depardieu d) *Mars Attacks*